школа - dugsi 2
подорож - safar 5
транспорт - gaadiid 8
місто - magaalo 10
ландшафт - muqaal-dhireed 14
ресторан - makhaayad 17
супермаркет - carwo 20
напої - cabitaan 22
їжа - cunto 23
ферма - beer 27
дім - guri 31
вітальня - qol jiib 33
кухня - jiko 35
ванна кімната - musqul-qubeys 38
дитяча кімната - qolka ilmaha 42
одяг - dhar 44
офіс - xafiis 49
економіка - dhaqaalaha 51
професії - shaqooyin 53
інструменти - qalab 56
музичні інструменти - qalab muusiko 57
зоопарк - beer-xayawaan 59
спорт - isboortiga 62
дії - hawlo 63
сім'я - qoys 67
тіло - jir 68
лікарня - isbitaal 72
аварійний випадок - xaalad deg-deg ah 76
Земля - dhul 77
годинник - saacad 79
тиждень - toddobaad 80
рік - sanad 81
форми - qaababka 83
фарби - midabbo 84
протилежності - iska-soo-hoorjeeda 85
числа - lambarro 88
мови - luuqado 90
хто / що / як - kee / maxay / sidee 91
де - xaggee 92

Impressum
Verlag: BABADADA GmbH, Nedderfeld 112 , 22529 Hamburg
Geschäftsführer / Verlagsleitung: Harald Hof
Druck: Books on Demand GmbH, In de Tarpen 42, 22848 Norderstedt

Imprint
Publisher: BABADADA GmbH, Nedderfeld 112 , 22529 Hamburg, Germany
Managing Director / Publishing direction: Harald Hof
Print: Books on Demand GmbH, In de Tarpen 42, 22848 Norderstedt, Germany

школа

dugsi

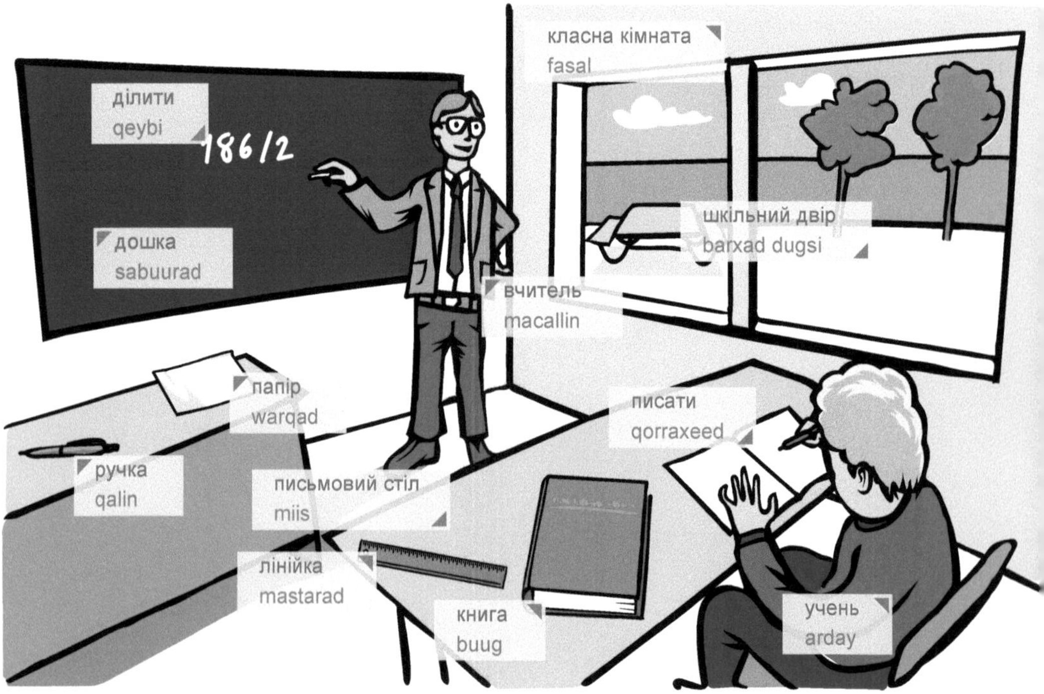

класна кімната
fasal
ділити
qeybi
186/2
шкільний двір
barxad dugsi
дошка
sabuurad
вчитель
macallin
папір
warqad
писати
qorraxeed
ручка
qalin
письмовий стіл
miis
лінійка
mastarad
книга
buug
учень
arday

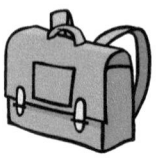

ранець

boorso

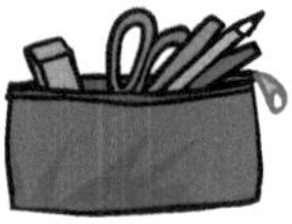

пенал

kiis qalin-qori

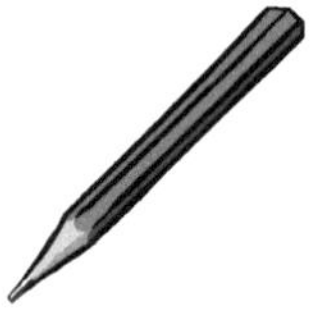

олівець

qalin-qori

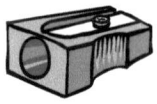

точило

koobka qalin qor

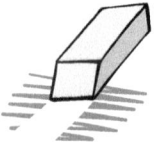

гумка

titirre

альбом для малювання

buugga sawirka

малюнок

sawirid

пензель

burushka midabaynta

коробка фарб

gasaca midabaynta

ножиці

maqasyo

клей

koollo

зошит

buug qoraal

домашнє завдання

shaqo-guri

число

lambar

додавати

ku dar

віднімати

ka jar

множити

ku dhufo

рахувати

xisaabi

літера

warqad

абетка

alifbeeto

слово

erey

текст

qoraal

читати

akhri

крейда

jeesto

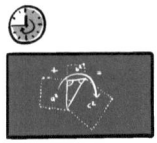

година

cahsar

класний журнал

diiwaan

екзамен

imtixaan

диплом

shahaado

шкільна форма

direes dugsi

освіта

waxbarasho

лексикон

diwaan mowduuceed

університет

jaamacad

мікроскоп

mayskariskoob

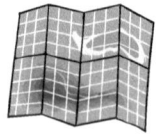

карта

khariidad

кошик для паперу

haan qashin-gur

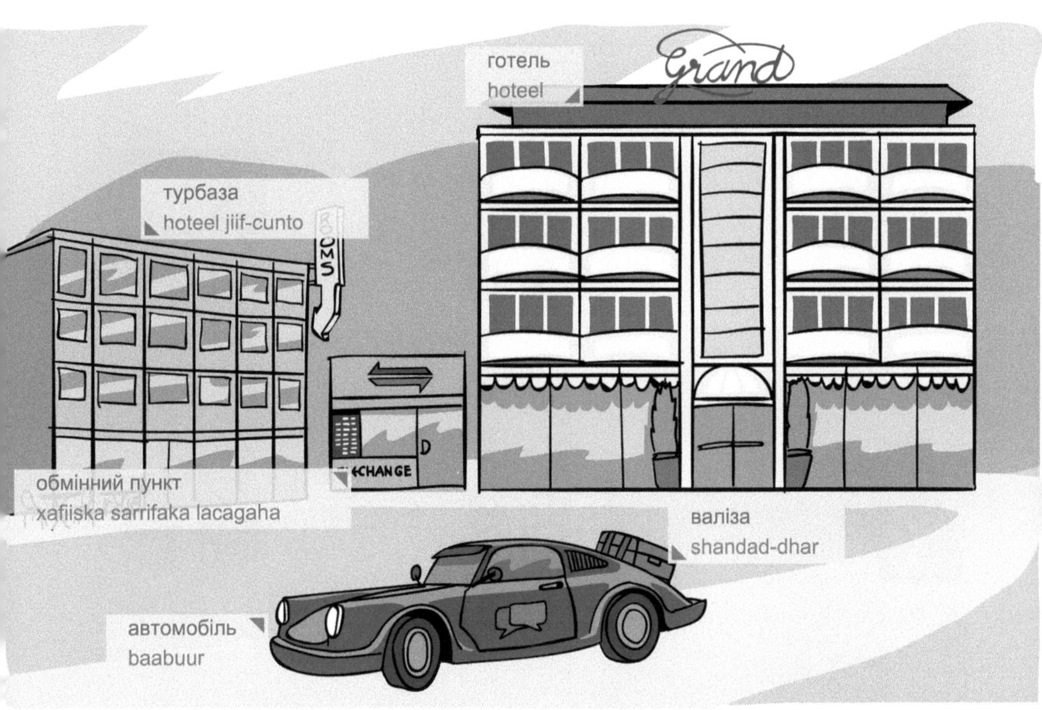

готель
hoteel
Grand
турбаза
hoteel jiif-cunto
ROOMS
CHANGE
обмінний пункт
xafiiska sarrifaka lacagaha
валіза
shandad-dhar
автомобіль
baabuur

мова

luuqad

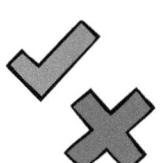

так / ні

haa / maya

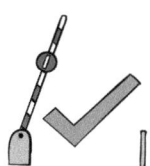

добре

Hagaag

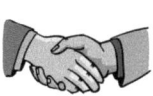

привіт

nabad miyaa

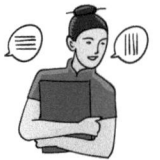

перекладач

turjumaan

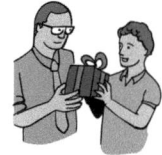

дякую

Waad mahadsan tahay

Скільки коштує ...?

waa immisa...?

Я не розумію

ma aanan fahamin

проблема

dhibaato

Добрий вечір!

galab wanaagsan!

Доброго ранку!

subax wanaagsan!

На добраніч!

habeen wanaagsan!

До побачення

nabad gelyo

напрямок

jiho

багаж

alaabo

сумка

boorso

рюкзак

boorso-dhabar

гість

marti

кімната

qol

спальний мішок

katiifad

намет

teendho

туристична інформація

xog dalxiis

пляж

xeebta

кредитна картка

kaar amaah

сніданок

quraac

обід

qado

вечеря

casho

квиток

rasiid

ліфт

wiish

поштова марка

tiimbare

межа

xuduud

митниця

qeybta-canshuur-bixinta

посольство

safaarad

віза

dal ku gal

паспорт

baasaboor

транспорт
gaadiid

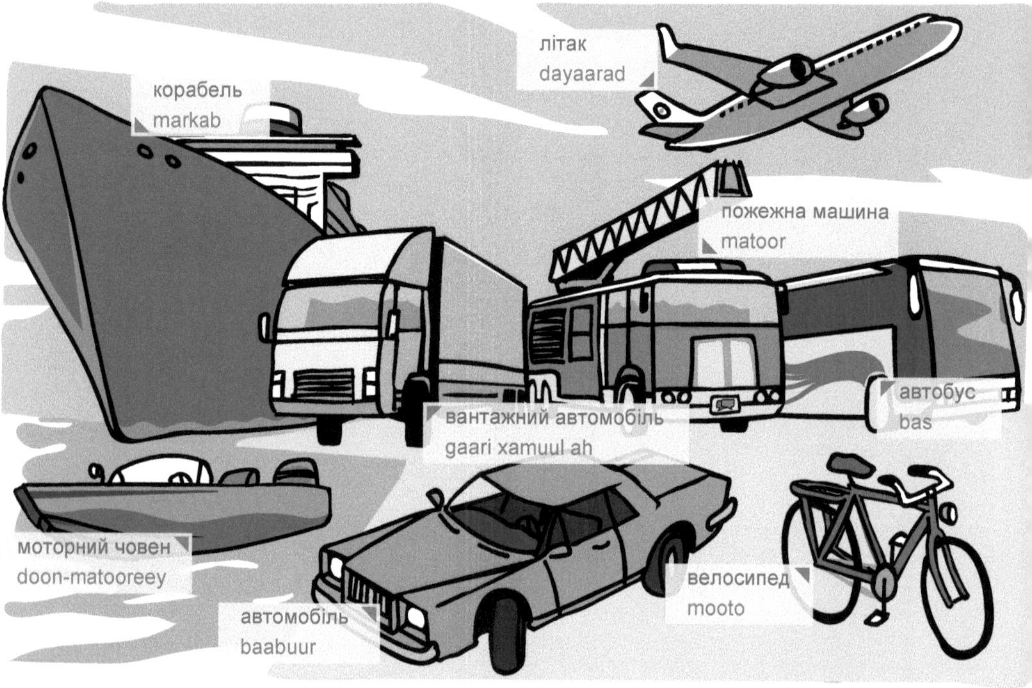
літак
dayaarad
корабель
markab
пожежна машина
matoor
автобус
bas
вантажний автомобіль
gaari xamuul ah
моторний човен
doon-matooreey
велосипед
mooto
автомобіль
baabuur

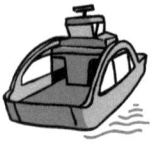

пором

doon

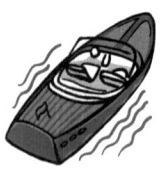

човен

doonnida

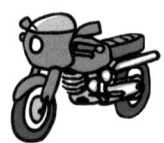

мотоцикл

mooto

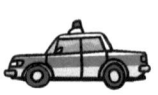

поліцейська машина

baabuur booliis

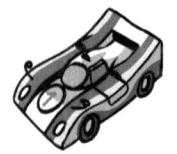

гоночний автомобіль

baabuur baratan

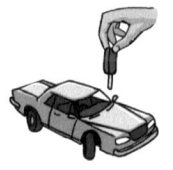

автомобіль на прокат

baabuur la-kiraysto

спільне користування авто

gaadiid-wadaag

евакуатор

wiishle

сміттєвоз

gaari qashin-gure

двигун

matoor

паливо

shidaal

автозаправна станція

ajib

дорожній знак

calaamad taraafiko

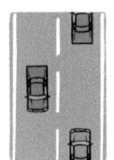

рух

taraafiko

затор

jaam baabuur

стоянка

baarkin-baabuur

вокзал

boosteejo tareen

рейки

waddo-tareen

потяг

tareen

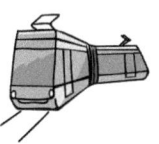

трамвай

taraam

вагон

gaari faras

гелікоптер

helikobtar

аеропорт

garoonka dayuuradaha

вежа

manaarad

пасажир

rakaab

контейнер

weel

коробка

kartoon

візок

gaari faras

кошик

dambiil

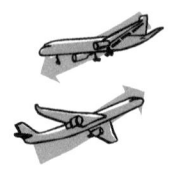

стартувати / приземлятися

kicid / degis

місто

magaalo

село

tuulo

центр міста

faras magaale

дім

guri

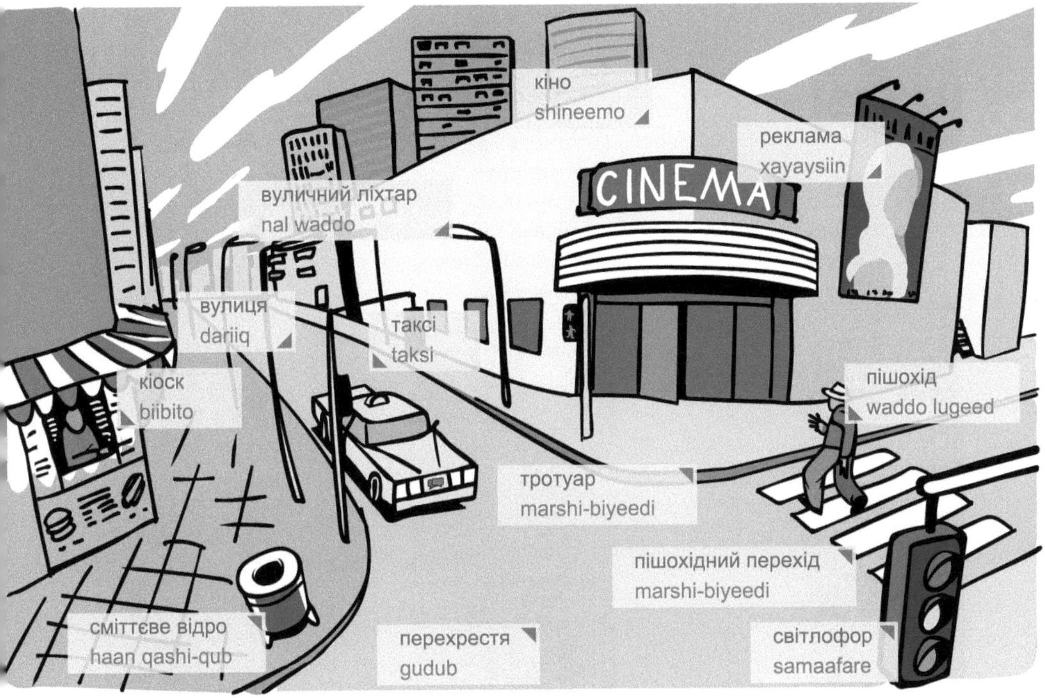
кіно
shineemo
CINEMA
реклама
xayaysiin
вуличний ліхтар
nal waddo
вулиця
dariiq
таксі
taksi
кіоск
biibito
пішохід
waddo lugeed
тротуар
marshi-biyeedi
пішохідний перехід
marshi-biyeedi
сміттєве відро
haan qashi-qub
перехрестя
gudub
світлофор
samaafare

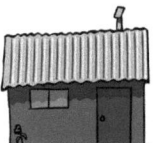

хатина

mundul

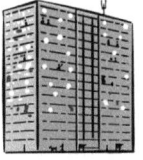

квартира

dabaq

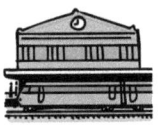

вокзал

boosteejo tareen

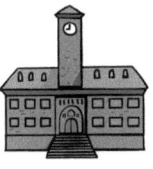

ратуша

xarunta dowladda-hoose

MUSEUM

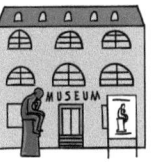

музей

matxaf

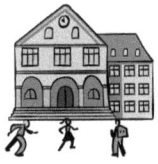

школа

dugsi

університет

jaamacad

банк

bangi

лікарня

isbitaal

готель

hoteel

аптека

farmasi

офіс

xafiis

книжковий магазин

buug shoob

магазин

dukaan

квітковий магазин

dukaan ubax

супермаркет

carwo

ринок

suuq

універмаг

suuq weyne

торговець рибою

kalluun-iibshe

торговельний центр

suuq

гавань

furdo

парк
jardiino

лава
kursi

міст
buundo

сходи
jaraanjaro

метро
waddo-tareen-hoosaad

тунель
waddo-dhul hoose

автобусна зупинка
boosteejo

бар
baar

ресторан
makhaayad

поштова скринька
sanduuq boosto

вулична табличка
calaamad waddo

лічильник паркування
joogid-cabbire

зоопарк
beer-xayawaan

басейн
barkad dabbaalasho

мечеть
masaajid

ферма
beer

забруднення
навколишнього
середовища
naqas

кладовище
qabuuro

церква
kaniisad

дитячий майданчик
garoon

храм
macbad

ландшафт
muqaal-dhireed

листок
caleen

вказівний стовп
calaamad-waddo

шлях
waddo

луг
seere

камінь
dhagax

дерево
geed

мандрівник
buur korre

річка
webi

трава
caws

квітка
ubax

долина

dooxo

гора

buur

озеро

laag

ліс

kayn

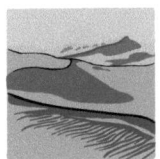

пустеля

saxare

вулкан

foolkaano

замок

qasri

веселка

qaanso-roobaad

гриб

barkin-waraabe

пальма

geed timireed

комар

kaneeco

муха

duqsi

мурашка

qoraanjo

бджола

shinni

павук

caaro

жук

dameer-duudeey

жаба

rah

вивірка

dabagaalle

їжак

kashiito

заєць

dabagaalle

сова

guumeys

птах

shimbir

лебідь

boolo-boolo

кабан

doofaar-jilibeey

олень

deero

лось

faras-duur

гребля

biyo-xireen

вітряк

tamar-dhaliye

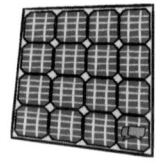

сонячний модуль

soollar

клімат

cimilo

ресторан
makhaayad

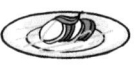

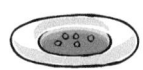

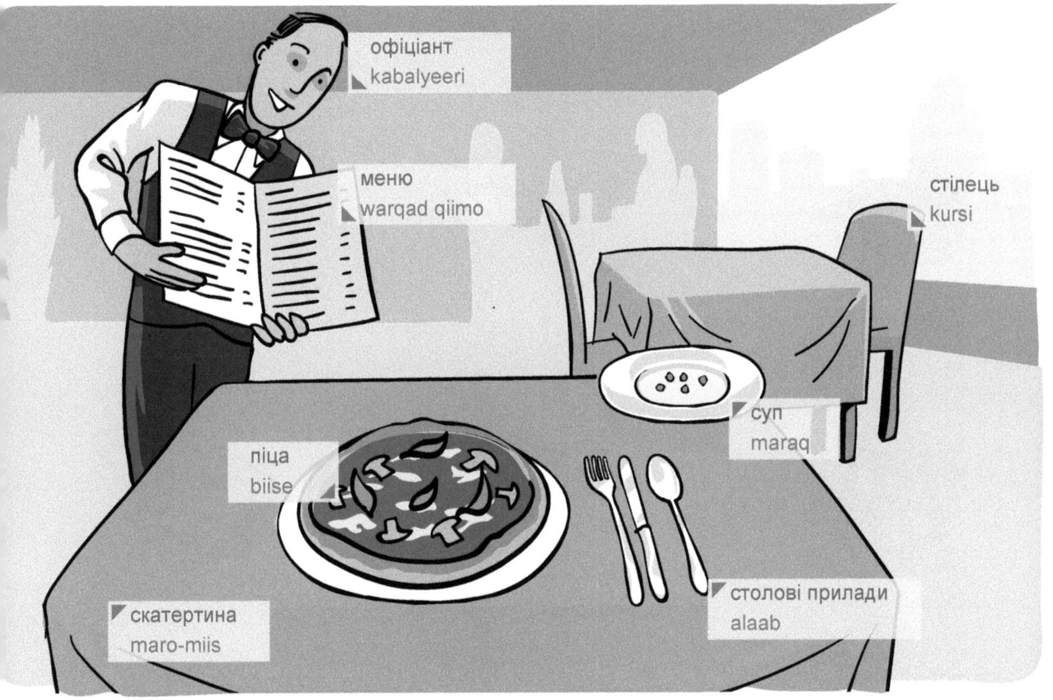

офіціант
kabalyeeri
меню
warqad qiimo
стілець
kursi
суп
maraq
піца
biise
столові прилади
alaab
скатертина
maro-miis

закуска

af-billow

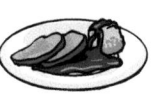

друга страва

cunto bariimo

десерт

macmacaan

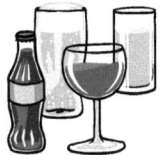

напої

cabitaan

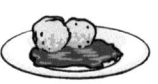

їжа

cunto

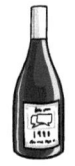

пляшка

dhalo

фаст-фуд

cunto diyaarsan

вулична їжа

cunto-waddo

чайник

jalmad shaah

цукорниця

weelka sonkorta

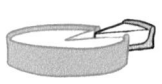

порція

qayb

еспресо-машина

mashiinka isbareesada

високий стільчик

kursi dheer

рахунок

biil

піднос

tereey

ніж

mindi

вилка

fargeeto

ложка

qaaddo

чайна ложка

malqacad-shaah

серветка

shukumaan miis

склянка

galaas

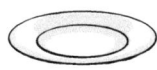

тарілка

saxan

тарілка для супу

saxanka maraqa

блюдце

saxan

соус

suugo

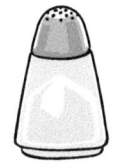

солонка

weelka cusbada

млин для перцю

basbaas shiide

оцет

fixiye

масло

saliid

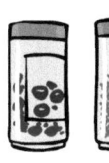

спеції

dhandhanaan

кетчуп

suugo

гірчиця

mastaard

майонез

mayoonees

супермаркет

carwo

пропозиція
qiima dhimis qaas ah
FOR
клієнт
macmiil
молочні продукти
caano
фрукти
miro
візок для покупок
gaariga adeega

BUTCHERS

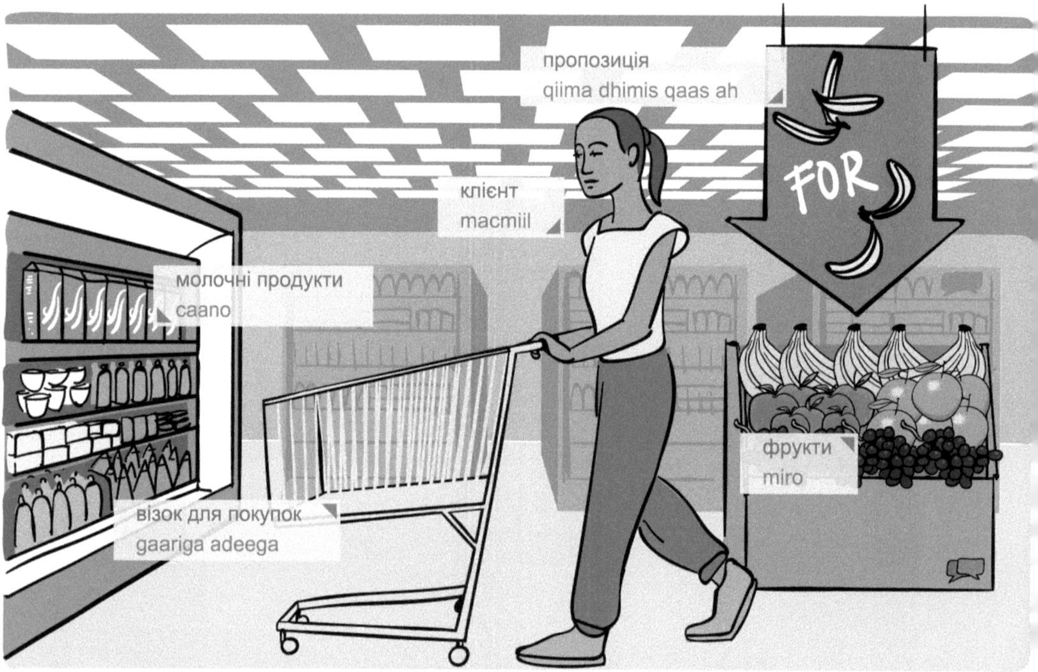

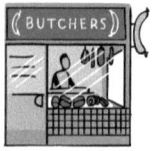

м'ясний магазин

kawaan

BAKERY

пекарня

foorno

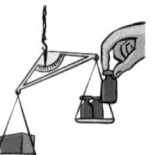

зважувати

cabbir

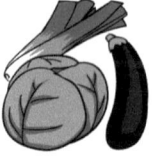

овочі

khudaar

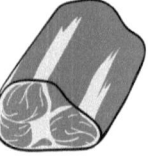

м'ясо

hilib

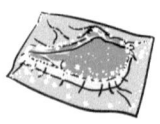

заморожені продукти

cunto la qaboojiyay

ковбасна нарізка

hilibka qadada

консерви

cunto gasacadeysan

пральний порошок

oomo

солодощі

macmacaan

предмети домашнього побуту

alaabada guri

мийний засіб

alaabo nadaafad

продавщиця

iibshe

каса

diiwaan lacagta

касир

qasnaji

список покупок

liis adeeg

часи роботи

saacadaha shaqo

гаманець

shandada jeebka

кредитна картка

kaar amaah

сумка

bac

поліетиленовий пакет

bac

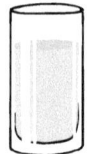

вода

biyo

сік

casiir

молоко

caano

кола

kooka-kola

вино

khamri

пиво

biir

алкоголь

khamri

какао

kooke

чай

shaah

кава

kafee

еспресо

isberesso

капучіно

koobishiin

банан

muus

яблуко

tufaax

апельсин

liin-bambeelmo

кавун

qare

лимон

liin

морква

karooto

часник

toon

бамбук

baambuu

цибуля

basal

гриб

barkin-waraabe

горішки

loos

локшина

baasto

спагеті

baasto

рис

bariis

салат

salar

картопля фрі

jibsi

смажена картопля

baradho shiilan

піца

biise

гамбургер

haambeegar

бутерброд

saanwij

шніцель

hilib-jiir

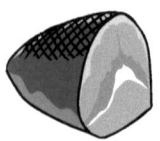

шинка

hilib-doofaar

салямі

salami

ковбаса

sooseej

курка

hilib-digaag

печеня

duban

риба

kalluun

вівсяні пластівці

sareenta mashaarida

мюслі

quraac isku-dhafan

кукурудзяні пластівці

daango

борошно

bur

круасан

nooc rooti ah

булочка

rooti

хліб

rooti

тостовий хліб

rooti-la-kulluleeyey

печиво

buskud

масло

subag

сир

hanti

пиріг

doolsho

яйце

ukun

яєчня

ukun shiilan

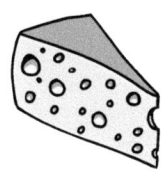

сир

burcad

морозиво

jalaato

цукор

sonkor

мед

malab

мармелад

malmalaado

нуга-крем

labeen macmacaan

карі

suugo

ферма
beer

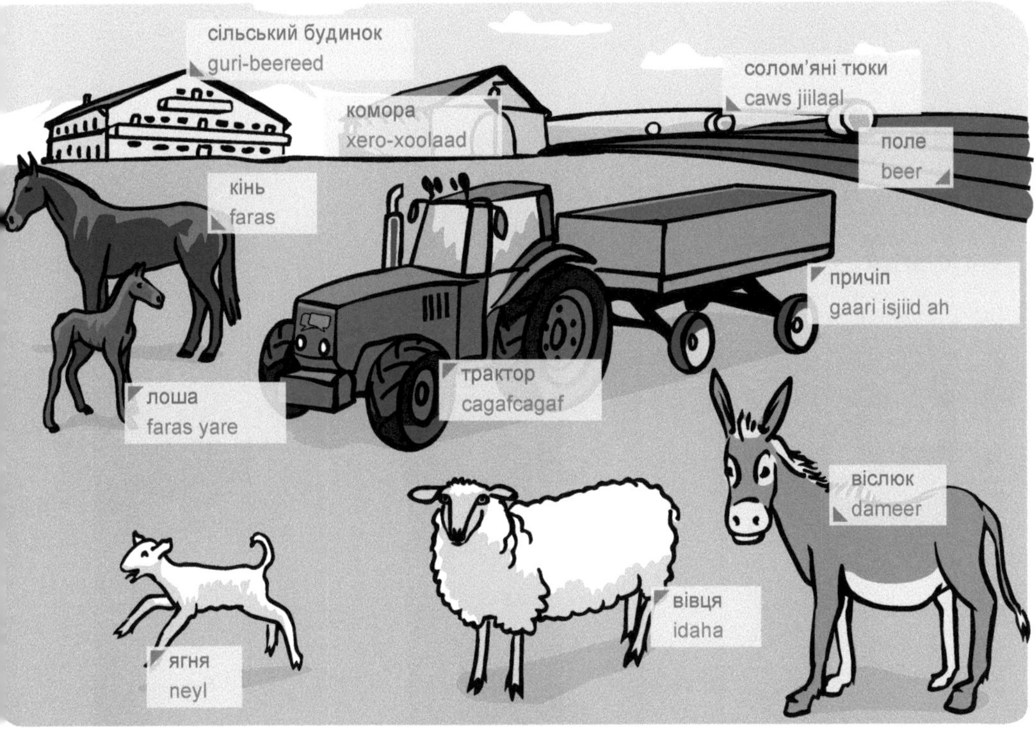

сільський будинок
guri-beereed
солом'яні тюки
caws jiilaal
комора
xero-xoolaad
поле
beer
кінь
faras
причіп
gaari isjiid ah
трактор
cagafcagaf
лоша
faras yare
віслюк
dameer
вівця
idaha
ягня
neyl

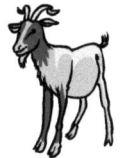

коза
ri'

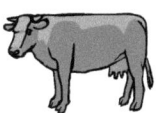

корова
sac

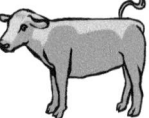

теля
weyl

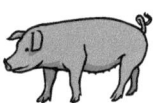

свиня
doofaar

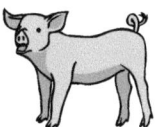

порося
dhal doofaar

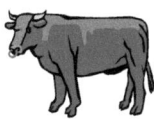

бик
dibi

гусак

bawaato lab

качка

bawaato

курча

jiijiile

курка

digaag

півень

diiq

щур

doolli

кіт

bisad

миша

jiir

віл

dibi

собака

eey

собача будка

hoyga eeyga

садовий шланг

tuubbo waraab

лійка

sakeelka waraabinta

коса

gudin

плуг

carro-roge

серп

gudin

мотика

yaambo

вила

fargeeto caws-beereed

сокира

faas

тачка

gaari -gacan

корито

dar

бідон молока

dhalada caanaha

мішок

jawaan

паркан

deer

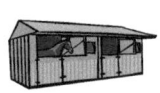

хлів

xero xooleed

теплиця

gur-biqlin-dhireed

ґрунт

ciidda

насіння

abuuka

добриво

bacrimiye

комбайн

cagafta beer-goynta

пожинати

beer-goyn

урожай

beer-gooyn

корінь ямсу

moxog

пшениця

sarreen

соя

soya

картопля

baradho

кукурудза

galley

ріпак

geed-saliideed

плодове дерево

geed mirood

маніок

moxog

злаки

firiley

дім

guri

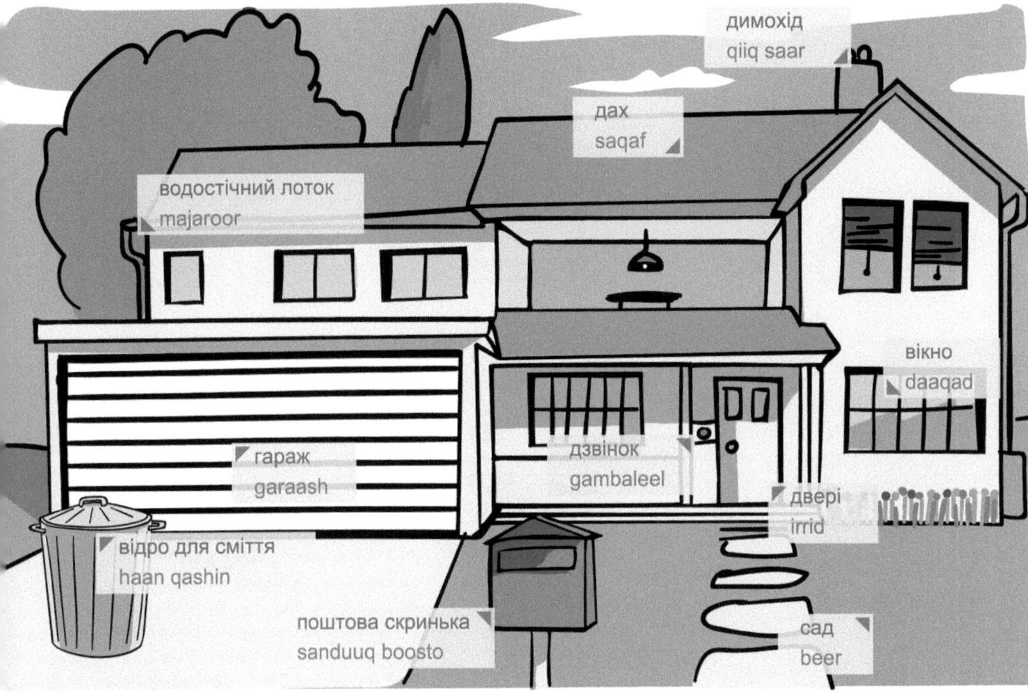
димохід
qiiq saar
дах
saqaf
водостічний лоток
majaroor
вікно
daaqad
гараж
garaash
дзвінок
gambaleel
двері
irrid
відро для сміття
haan qashin
поштова скринька
sanduuq boosto
сад
beer

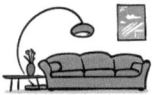

вітальня

qol jiib

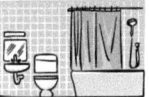

ванна кімната

musqul-qubeys

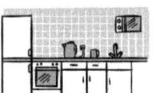

кухня

jiko

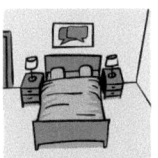

спальня

qolka jiifka

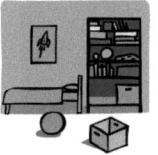

дитяча кімната

qolka ilmaha

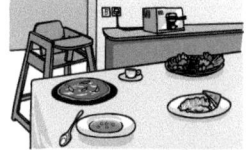

їдальня

qolka cuntada

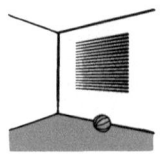

підлога

sagxad

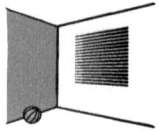

стіна

derbi

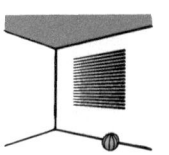

стеля

saqaf

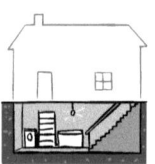

підвал

makhaasiin

сауна

soona

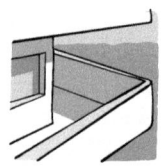

балкон

balakoon

тераса

daarad

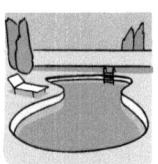

басейн

barkad

косарка

caws-jare

простирало

buste

ковдра

go'

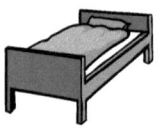

ліжко

sariir

мітла

xaaqin

відро

baaldi

перемикач

daare-damiye

вітальня

qol jiib

шпалери
sharaaxd-derbi
малюнок
sawir
лампа
feynuus
поличка
qaanad
шафа
armaajo
телевізор
telefiishan
камін
dab-shid
квітка
ubax
подушка
barkin
диван
fadhi-carbeed
ваза
dheri-ubax
пульт
rimuud

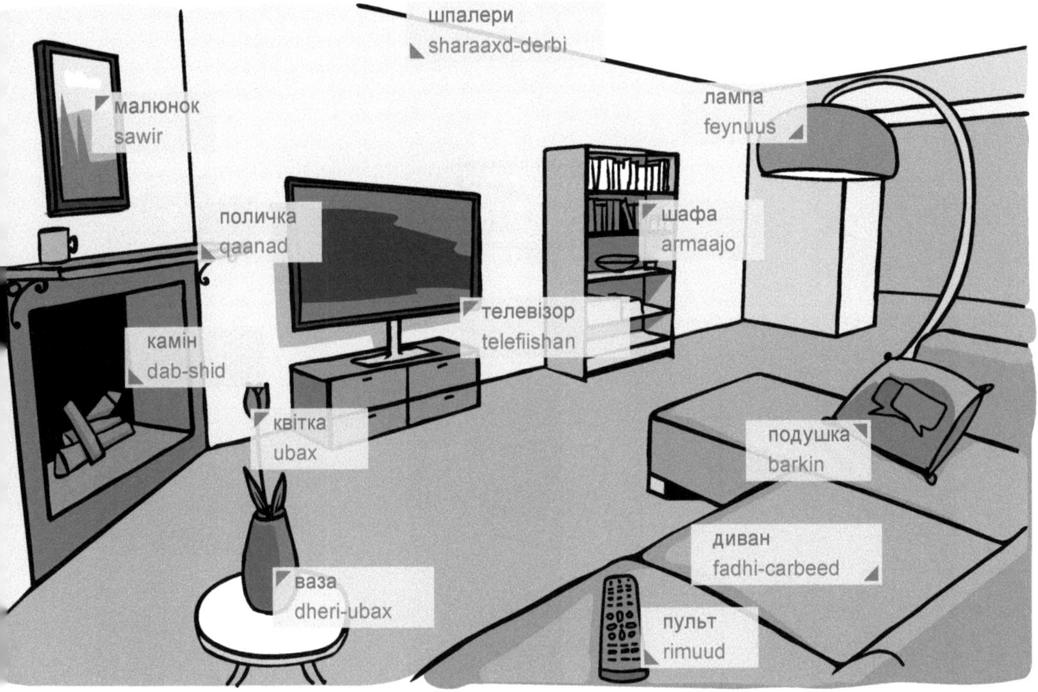

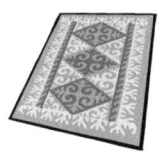

килим

roog

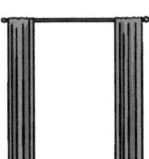

завіса

daah

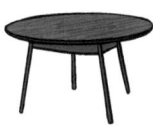

стіл

miis

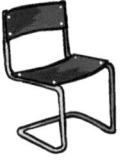

стілець

kursi

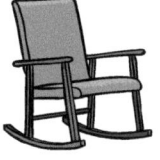

крісло-гойдалка

kursi wareega

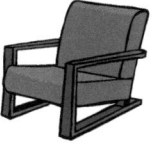

крісло

kursi fadhi

книга

buug

ковдра

buste

прикраса

qurxin

дрова

xaabo

фільм

filin

стереосистема

cod-baahiye

ключ

fure

газета

wargeys

картина

rinjiyeyn

плакат

tabeelo

радіо

raadiye

блокнот

xusuus-qor

пилосос

huufar

кактус

tiitiin

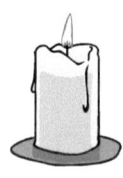

свічка

shumac

кухня
jiko

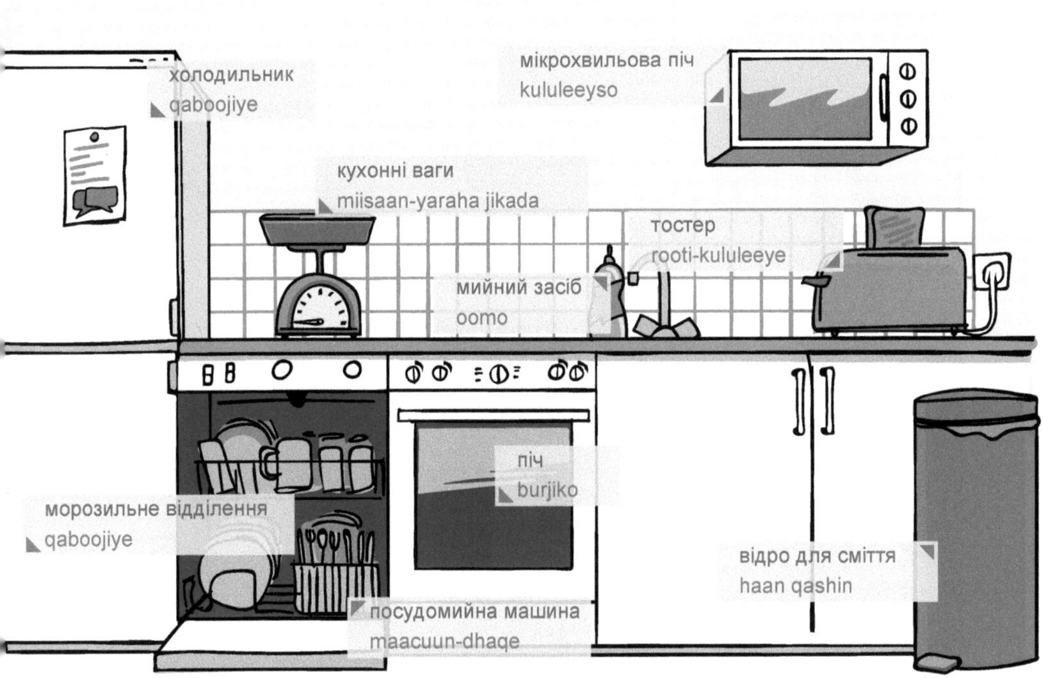

холодильник
qaboojiye
мікрохвильова піч
kululeeyso
кухонні ваги
miisaan-yaraha jikada
тостер
rooti-kululeeye
мийний засіб
oomo
піч
burjiko
морозильне відділення
qaboojiye
відро для сміття
haan qashin
посудомийна машина
maacuun-dhaqe

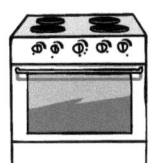

плита

kuuker

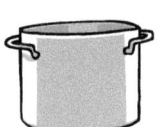

горщик

dheri

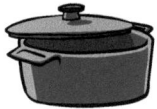

чавунний горщик

birtaawo

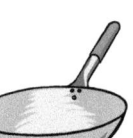

вок / кадай

birtaawo

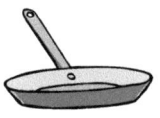

сковорода

birtaawo

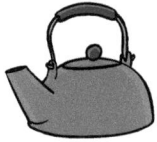

чайник

kirli

пароварка

uumiye

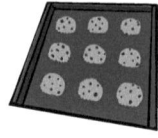

лист

saxaarad dubista

посуд

maacuun

кухоль

bakeeri

чаша

baaquli

палички для їжі

qoryo wax lagu cuno

черпак

malqacad

лопатка

qaado

вінчик для збивання

folow

сито

miire

сито

shashaq

терка

qudaar-jare

ступка

mooye

барбекю

hilib-sol

багаття

dab

дошка

alwaaxa wax-jar-jarka

качалка

ul jabaati

штопор

guf-saare

конзерва

gasac

відкривачка

gasac-fure

прихватки

istaraasho-jiko

раковина

saxanka-alaab-dhaqa

щітка

caday

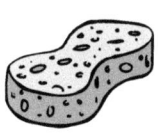

губка

isbuunyo

міксер

shiide

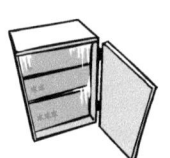

морозильна камера

qaabojin qoto-dheer

дитяча пляшка

masaasad

кран

tuubbo

ванна кімната

musqul-qubeys

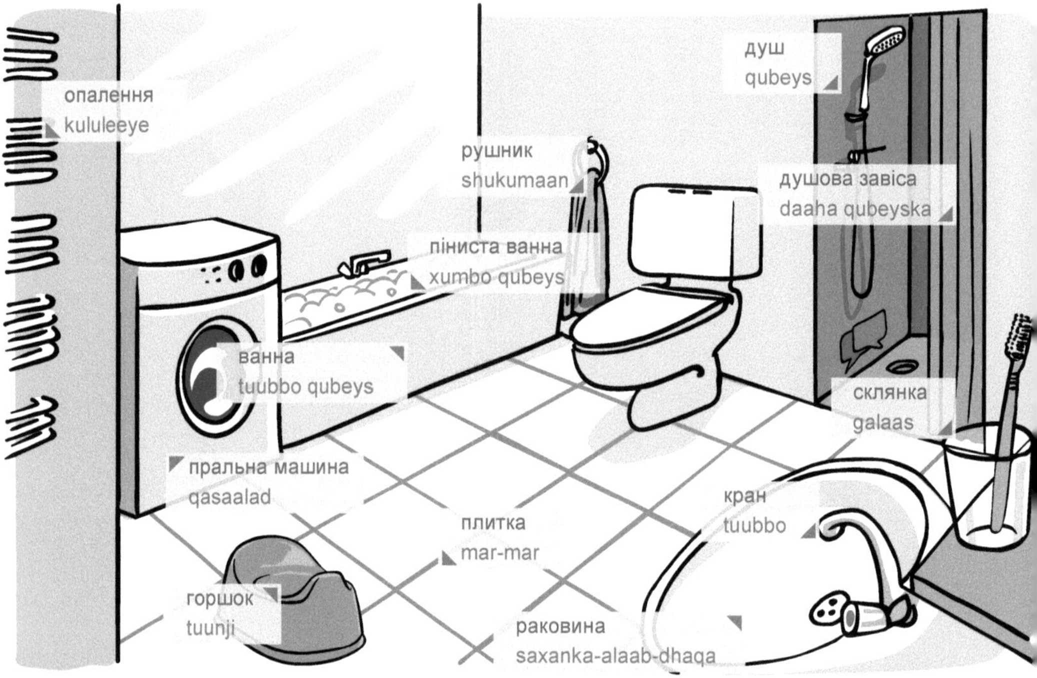

опалення
kululeeye
рушник
shukumaan
душ
qubeys
душова завіса
daaha qubeyska
піниста ванна
xumbo qubeys
ванна
tuubbo qubeys
склянка
galaas
пральна машина
qasaalad
кран
tuubbo
плитка
mar-mar
горшок
tuunji
раковина
saxanka-alaab-dhaqa

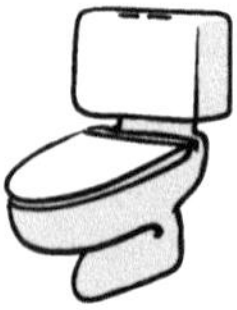

туалет
musqul

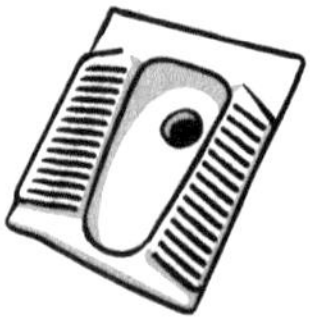

підлоговий туалет
musqusha fadhiga

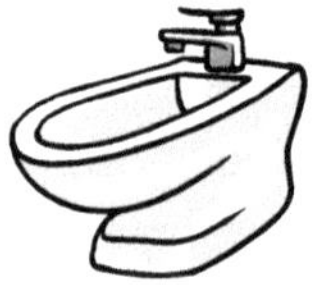

біде
siin

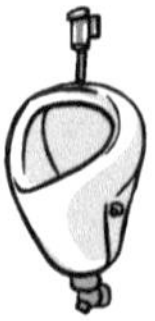

пісуар
weel kaadi

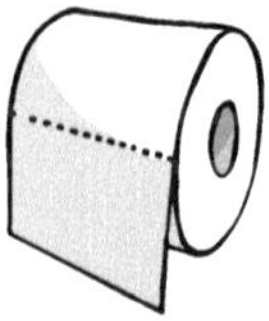

туалетний папір
tiish musqul

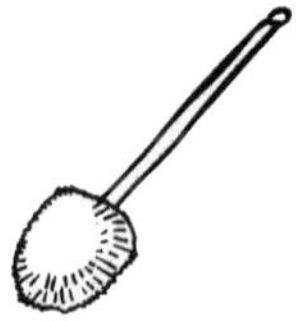

щітка для туалету
burushka musqusha

зубна щітка

caday

зубна паста

daawo caday

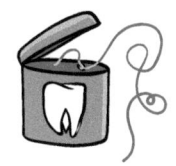

нитка для чищення зубів

dunta ilka farashada

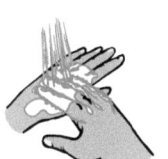

мити

dhaq

ручний душ

gacan qubeys

інтимний душ

tuubo-musqul

таз

beeshin

щітка для спини

burush-qubeys

мило

saabuun

гель для душу

shaambo

шампунь

shaambo

мочалка

cago-saar

водостік

biyo-saare

крем

kareem

дезодорант

carfiso

дзеркало

muraayad

косметичне дзеркало

muraayad gacmeed

бритва

sakiin

піна для гоління

xumbada xiirashada

лосьйон після гоління

daawo gar-xiir

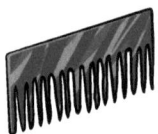

гребінь

shanlo

щітка

burush

фен

fooneeye

лак для волосся

timo-buufis

косметика

waji-qurxiye

губна помада

rooseeto

лак для нігтів

cidiyo-nadiifiye

вата

dun

ножиці для нігтів

cidiyo-jar

парфум

baarafuun

косметичка

boorso-wajidhaq

табурет

saxaro

ваги

miisaan culays

халат

dhar-qubeys

гумові рукавички

gacma gashi cinjir

тампон

tambooni

гігієнічні прокладки

tiimshe

біотуалет

musqul kiimiko

дитяча кімната

qolka ilmaha

будильник
saacadda dhawaaqda
м'яка іграшка
boombale caruur
іграшковий автомобіль
baabuur caruureed
брязкальце
sanqadh
ляльковий будиночок
guriga caruusada
подарунок
hadiyad

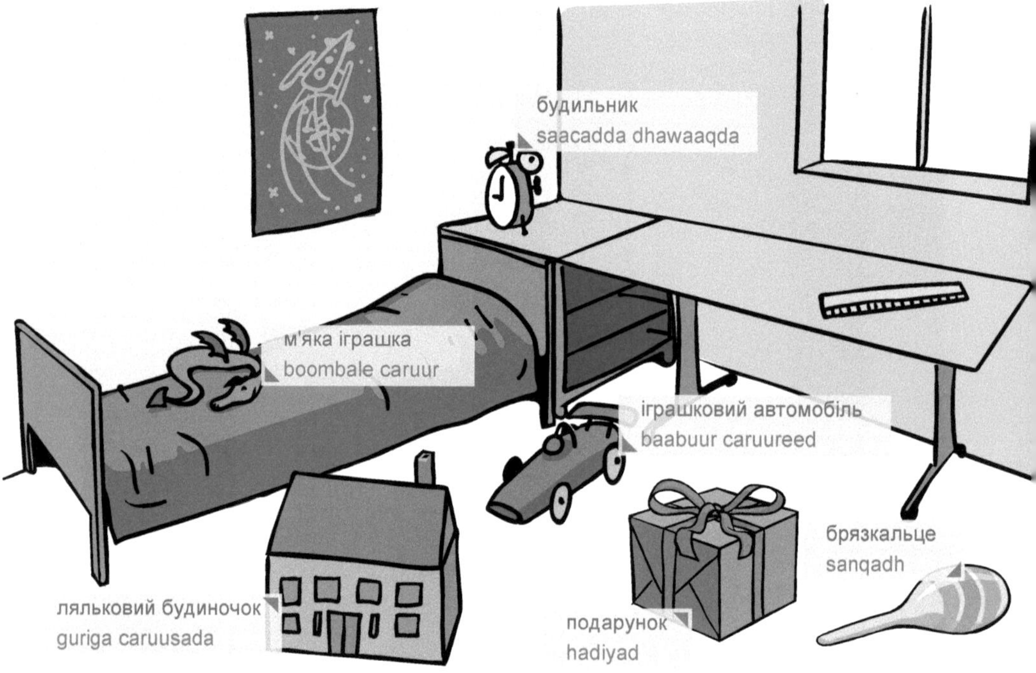

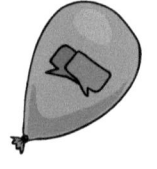

повітряна кулька

buufin

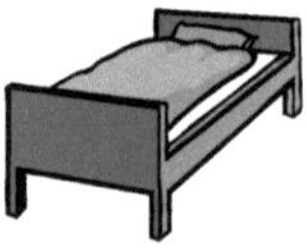

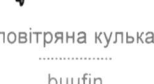

ліжко

sariir

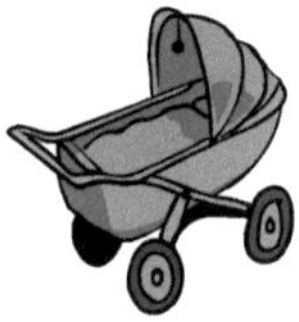

дитячий візок

gaariga caruurta

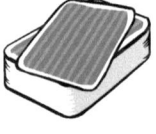

картярська гра

turub

пазл

miinshaar

SUPER
MEGA

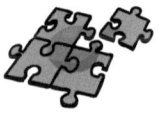

комікс

maad

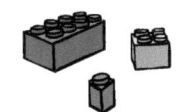

лего цеглинки

bulkeeti boombale ah

блоки

tooy

іграшкова фігурка

sanam

повзунки

isku-jooga dhallaanka

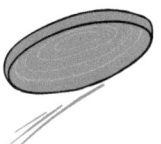

фризбі

aalad cayaar

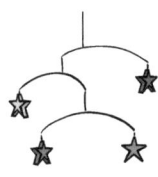

мобіле

moobaayl

настільна гра

khamaar

кубик

laadhuu

модель залізнична станція

moodo tareen

соска

boombale

вечірка

xaflad

книжка з картинками

buug sawirro

м'яч

kubbad

лялька

boombale

грати

cayaar

пісочниця

dhoobo-dhoobeey

гойдалка

wiifoow

іграшка

alaab-alaabeey

гральна консоль

geemka gacanta laga hago

триколісний велосипед

baaskiil

плюшевий мішка

boombale

шафа

armaajo dhar

одяг

dhar

шкарпетки

sigisaan

панчохи

sigsaan haween

колготки

surwaal-dhuuqsan

шарф
masar

ремінь
suun

парасоля
dallad

футболка
funaanad

чоботи
kabo buud

домашнє взуття
dacas

кросівки
kabo tababar

сандалі
saandalo

взуття
kabo

гумові чоботи
kabo roob

труси
hoos-gashi

бюстгальтер
rajabeeto

нижня сорочка
garan

боді

jir

штани

surwaal

джинси

surwaal jeenis

спідниця

goono

блузка

canbuur

сорочка

shaati

пуловер

funaanad-dhaxameed

светр

garan dhaxameed

піджак

jaakad fudud

куртка

jaakad

пальто

koodh

дощовик

koodhka roobka

костюм

dhar-munaasabadeed

сукня

labbis

весільна сукня

lebbis aroos

костюм

suut

нічна сорочка

dhar-hurdo

піжама

bajaamo

сарі

saari

головна хустка

masar

чалма

cimaamad

бурка

cabaayad

кафтан

saako

абая

cabaayad

купальник

dharka-dabaasha

плавки

dabo-gaabyo

шорти

surwaal-dabagaab

тренувальний костюм

taraak-suut

фартух

dufan-dhowr

рукавички

gacmo gashi

гудзик

galluus

окуляри

ookiyaale

браслет

jijin

ланцюг

silis

кільце

faraati

сережка

dhego dhego

шапка

koofiyo

плічка

katabaan

капелюх

koofiyad

краватка

garabaati

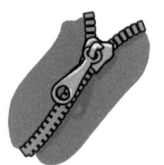

застібка-блискавка

jiinyeer

шолом

helmed

підтяжки

ilko-reeb

шкільна форма

direes dugsi

уніформа

direes

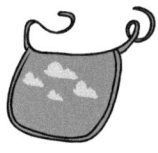

нагрудник

cayo-dhowr

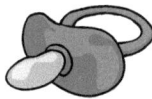

соска

boombale

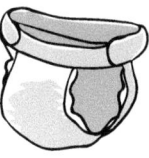

підгузок

maro-dufeed

офіс

xafiis

сервер
khad-bixiye
шаф для документів
armaajo feylal
принтер
daabace
папір
warqad
монітор
shaashad
миша
hage kombuyuutar
письмовий стіл
miis
папка
gal
синтезатор
teeb-kombuyuutar
кошик для паперу
haan qashin-gur
комп'ютер
kombuyuutar
стілець
kursi

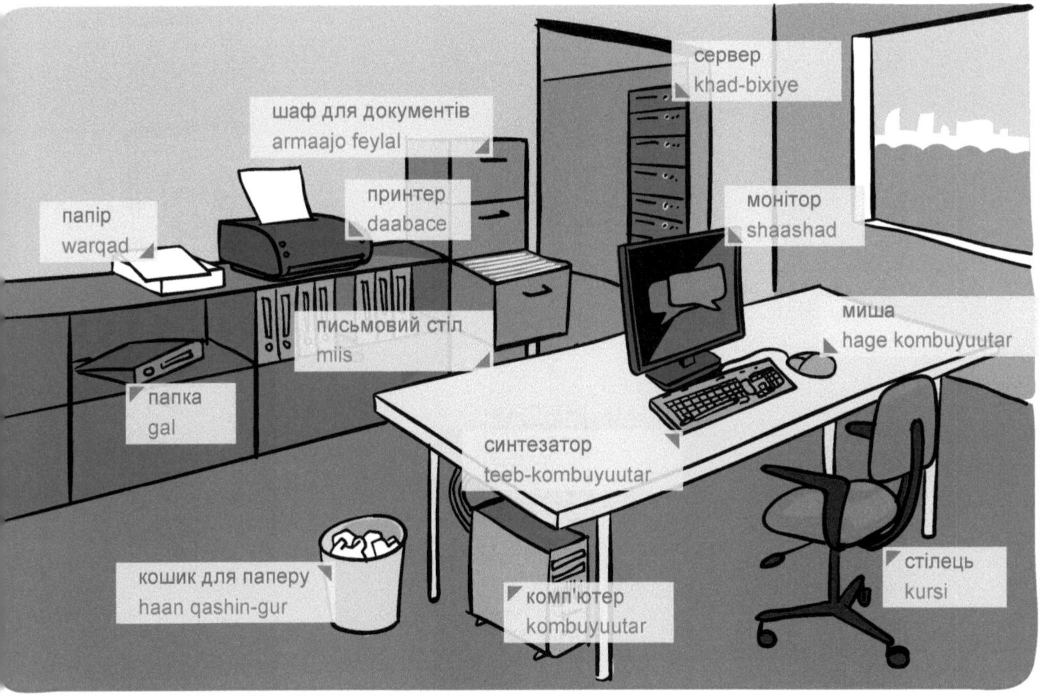

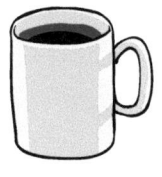

кавовий кухоль

koob kafee

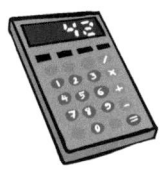

калькулятор

kalkuleytar/xisaabiye

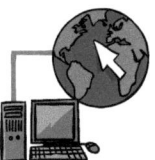

інтернет

internet

ноутбук

laabtoob

лист

bakhshad

повідомлення

fariin

мобільний телефон

moobaayl

мережа

shabakad-kombuyuutar

копіювальний пристрій

footokoobi

програмне забезпечення

barnaamij-kombuyuutar

телефон

telefoon

розетка

god koronto

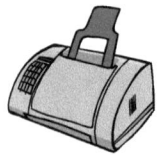

факс

mishiinkan fax-ka

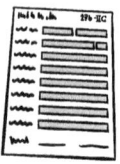

бланк

foomka

документ

dokumenti

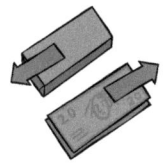

купувати

iibso

платити

bixi

торгувати

ganacso

гроші

lacag

**USD**

долар

doollar

**EUR**

євро

yuuro

**JPY**

ієна

yenka jabbaan

**RUB**

рубль

robolka ruushka

**CHF**

франк

Franka iswiiska

**CNY**

юанів женьміньбі

lacagta shiinaha

**INR**

рупія

rubiyada hindiga

банкомат

maqal

обмінний пункт

xafiiska sarrifaka lacagaha

золото

dahab

срібло

qalin

нафта

shidaal

енергія

tamar

ціна

qiime

контракт

qandaraas

податок

canshuur

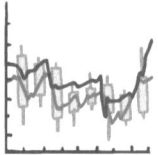

акція

raasumaal

працювати

shaqee

працівник

shaqaale

роботодавець

shaqaaleysiiye

фабрика

warshad

магазин

dukaan

професії
shaqooyin

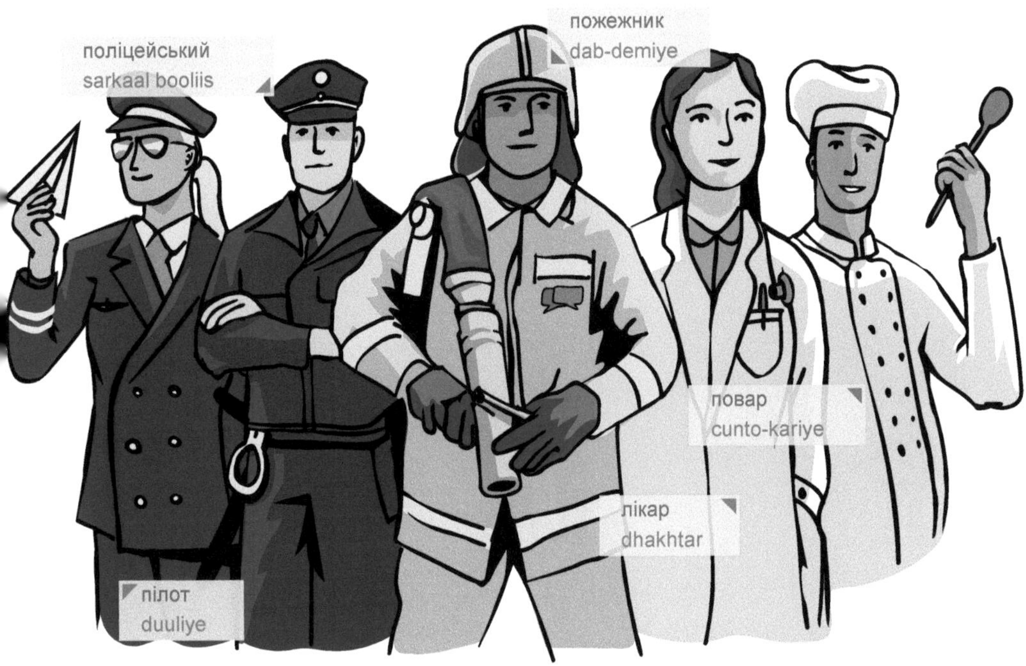
поліцейський
sarkaal booliis
пожежник
dab-demiye
повар
cunto-kariye
лікар
dhakhtar
пілот
duuliye

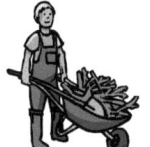

садівник

beeralley

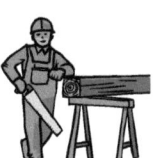

столяр

nijaar

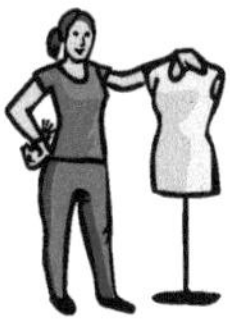

швачка

timo-qurxiso

суддя

qaaddi

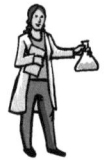

хімік

farmashiiste

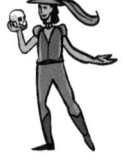

актор

jile

водій автобуса

darawal bas

таксист

taksiile

рибалка

kalluumeyste

прибиральниця

nadiifiso

покрівельник

saqaf-dhise

офіціант

kabalyeeri

мисливець

ugaarsade

художник

rinjiile

пекар

rooti-dube

електрик

koronto-yaqaan

будівельник

dhise

інженер

injineer

забійник

kawaanle

бляхар

tuubbiiste

листоноша

boostaale

солдат

askari

архітектор

injineer-dhismo

касир

qasnaji

флорист

ubax-yaqaan

перукар

timo-jare

кондуктор

kiro-uruuriye

механік

makaanik

капітан

kabtan

дантист

dhakhtar-ilko

вчений

saaynisyahan

рабин

wadaad yahuud

імам

imaam

монах

xerow

пастор

wadaad

інструменти
qalab

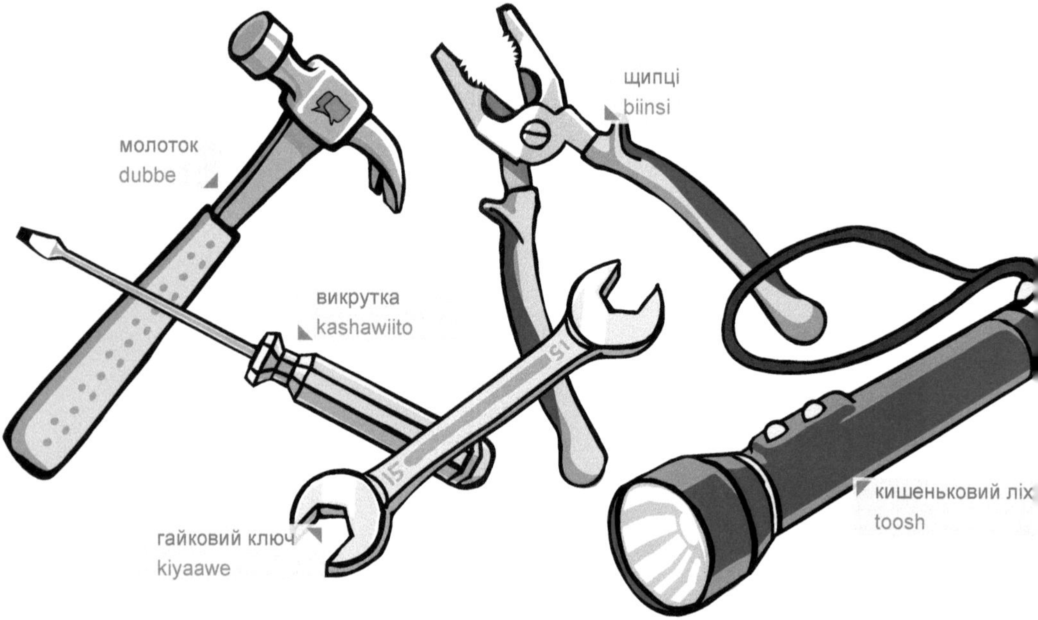
щипці
biinsi
молоток
dubbe
викрутка
kashawiito
кишеньковий ліх
toosh
гайковий ключ
kiyaawe

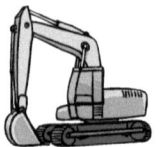

екскаватор
dhul-qoddo

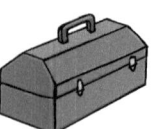

ящик для інструментів
qalab-xajiye

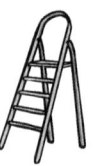

драбина
jaraanjaro

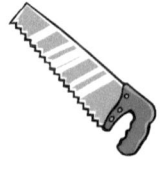

пилка
miinshaar

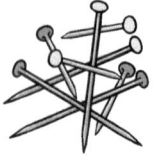

цвяхи
musbaarro

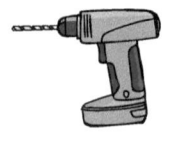

свердло
dalooliye

ремонтувати

dayactir

лопата

badiil

лайно!

inkaar kugu dhacday!

совок

bus-xaabiye

відро з фарбою

gasacad rinji

гвинти

boolal

музичні інструменти
qalab muusiko

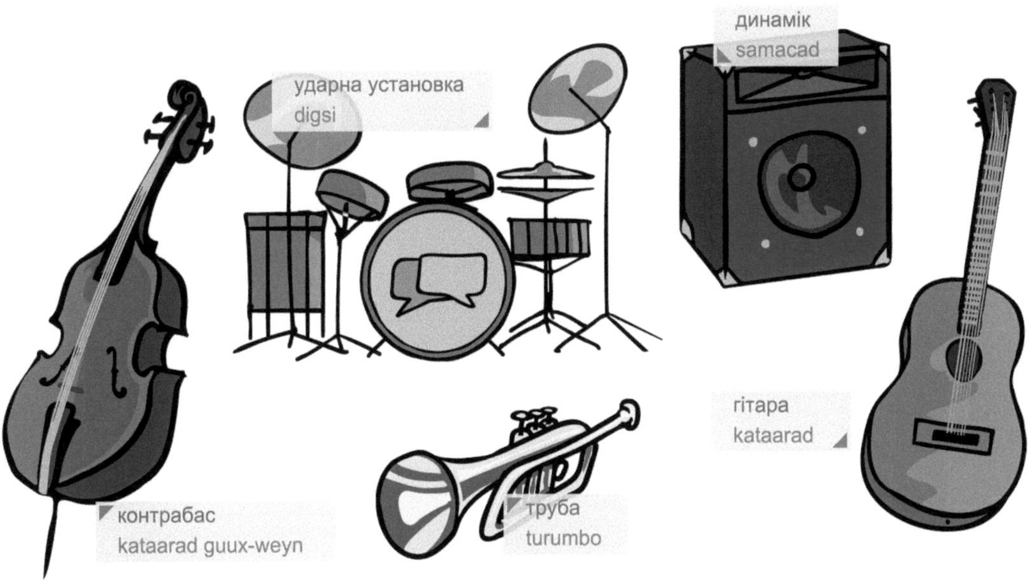

ударна установка
digsi

динамік
samacad

контрабас
kataarad guux-weyn

труба
turumbo

гітара
kataarad

фортепіано

biyaano

скрипка

fiyooliin

бас

karaarad guux-dheer

литаври

durbaan-sheegagle

барабан

durbaan

клавіатура

loox-xarfeed-biyaano

саксофон

turumbo

флейта

siin-baar

мікрофон

makarafoon

зоопарк

beer-xayawaan

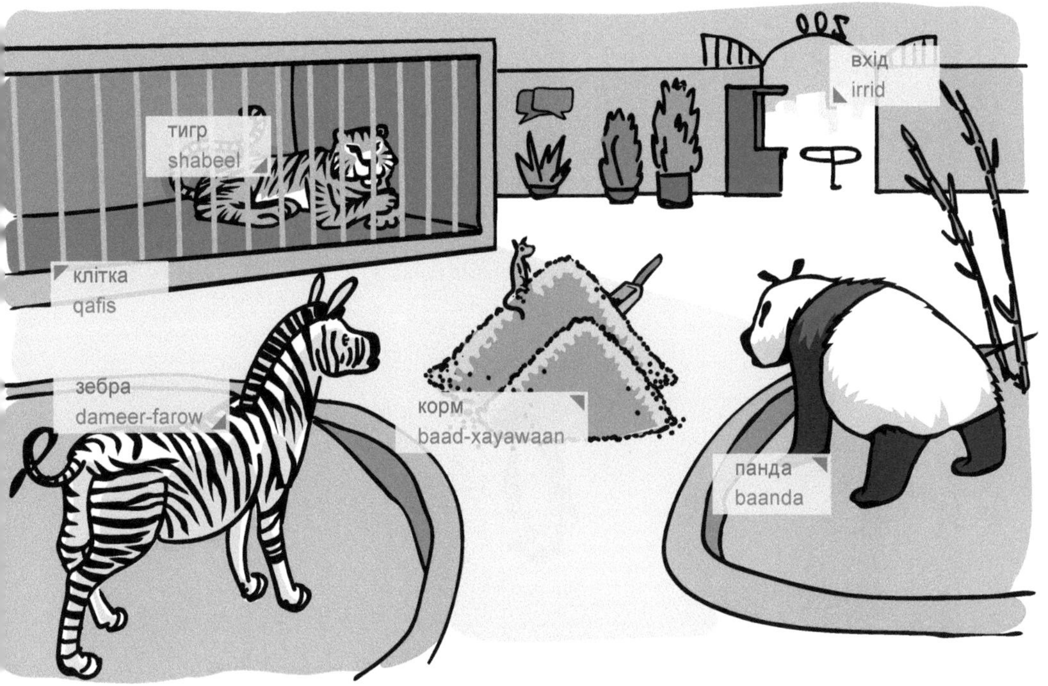
вхід
irrid
тигр
shabeel
клітка
qafis
зебра
dameer-farow
корм
baad-xayawaan
панда
baanda

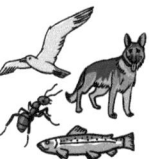

тварини

xayawaan

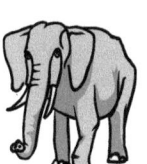

слон

maroodi

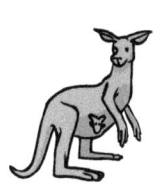

кенгуру

kaangaruu

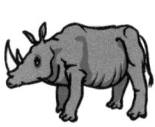

носоріг

wiyil

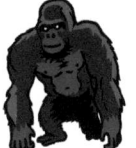

горила

goriille

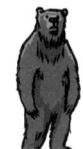

ведмідь

oorso

верблюд

geel

страус

gorayo

лев

libaax

мавпа

daanyeer

фламінго

xiita-luga-dheer

папуга

baqbaqaa

білий ведмідь

oorso baraf-ku-nool

пінгвін

shimbir baraf

акула

libaax-badeed

павич

daa'uus

змія

mas

крокодил

yaxaas

працівник зоопарку

beer-xayawaan ilaaliye

тюлень

bahal kalluun-cun

ягуар

shabeel-u-eke

поні

dhal faras

леопард

harmacad

гіпопотам

jeer

жираф

geri

орел

gorgor

кабан

doofaar-jilibeey

риба

kalluun

черепаха

qubo

морж

maroodi-badeed

лисиця

dawaco

газель

deero

американський футбол
kubadda-cagta maraykanka

їзда на велосипеді
tartanka bashkuleetiga

теніс
kubbadda miiska

баскетбол
kubbadda koleyga

плавання
dabaal

бокс
cayaarta feerka

хокей
hookiga barafka lagu dhe

футбол
kubadda cagta

бадмінтон
baadminton

легка атлетика
ciyaaraha fudud

гандбол
kubbadda gacanta

лижні перегони
iskii/ciyaarta barafka

поло
cayaar-faras

дії

hawlo

стрибати
boodid
обіймати
hab-siin
сміятися
qosol
йти
soco
співати
hees
мріяти
riyo
молитися
duceyso
цілувати
dhunkasho

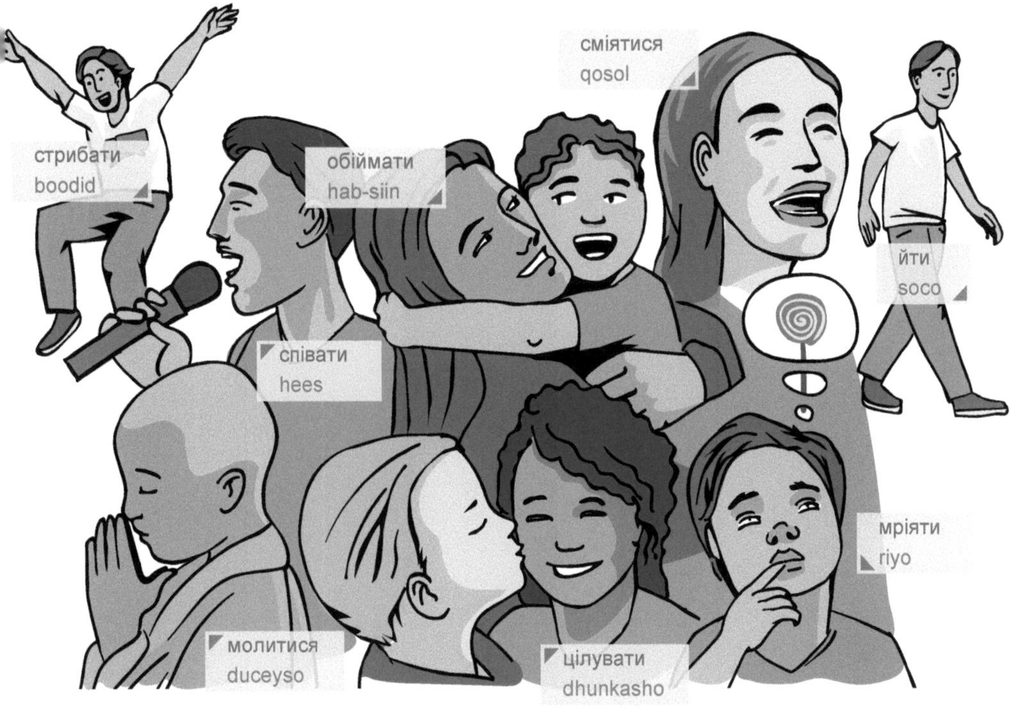

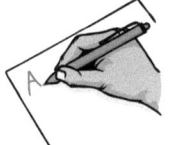

писати

qorraxeed

малювати

masawirid

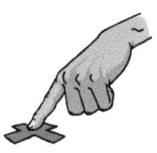

показувати

muuji

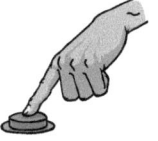

тиснути

riix

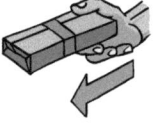

давати

sii

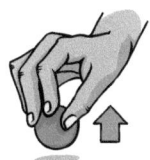

брати

qaado

мати

haysasho

робити

samee

бути

ahaansho

стояти

istaag

бігати

orod

тягнути

jiid

кидати

tuur

падати

dhicid

лежати

been-sheegid

очікувати

sug

носити

qaad

сидіти

fariiso

одягати

labiso

спати

seexo

просипатися

toos

дивитися

fiiri

плакати

ooy

гладити

dhuftay

розчісувати

shanleyso

розмовляти

hadal

розуміти

faham

питати

weydii

слухати

dhageysasho

пити

cab

їсти

cun

прибирати

habee

любити

jacayl

варити

kari

їхати

kaxee

літати

duulid

дії - hawlo

йти під вітрилом

shiraaco

рахувати

xisaabi

читати

akhri

вчитися

barasho

працювати

shaqee

одружуватися

guurso

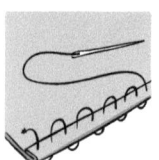

шити

tol

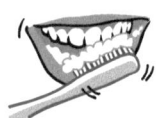

чистити зуби

cadayso

убивати

dilid

курити

sigaar cab

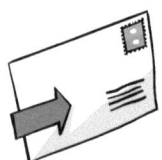

посилати

dir

бабуся
ayeeyo

дідуся
awoowe

батько
aabbe

мати
hooyo

немовля
ilmo

донька
gabar

син
wiil

гісь
marti

тітка
eeddo

дядько
adeer

брат
walaal rag

сестра
walaal dumar

тіло
jir

чоло
fool
око
il
плече
garab
палець
far
обличчя
weji
підборіддя
gar
кисть
gacan
груди
naas
нога
lug
рука
cudud

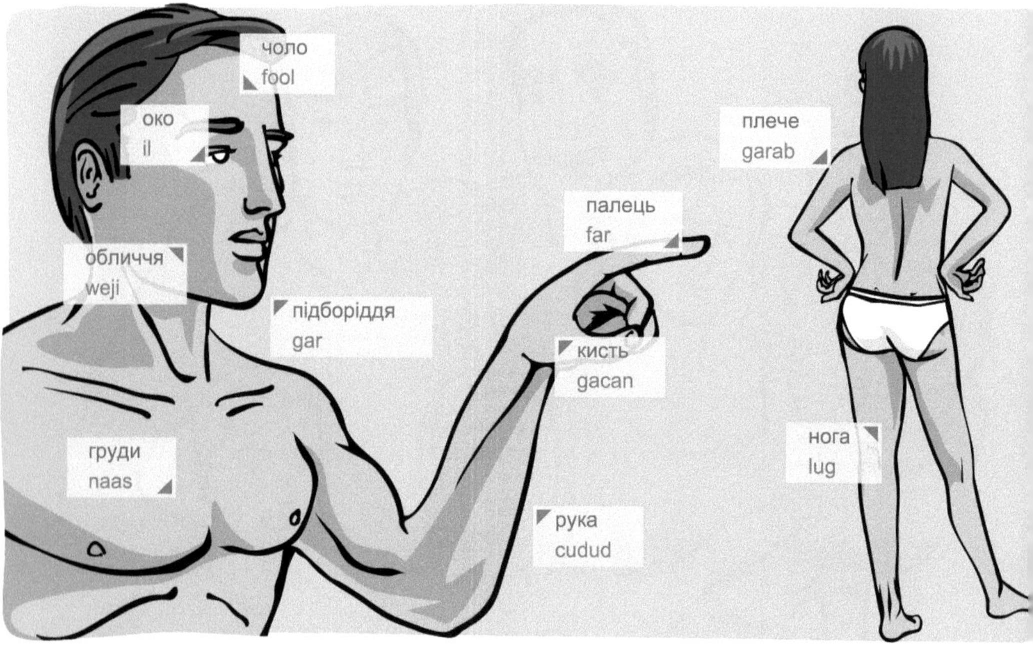

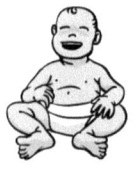

немовля

ilmo

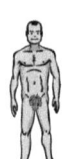

чоловік

nin

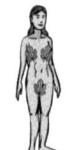

жінка

naag

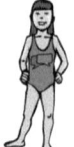

дівчина

gabar

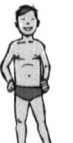

хлопчик

wiil

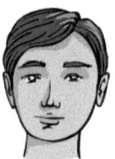

голова

madax

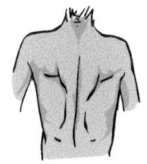

спина

dhabar

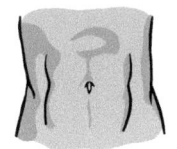

живіт

calool

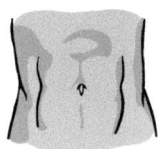

пуп

xuddun

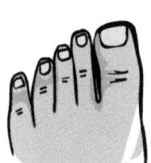

палець ноги

suul

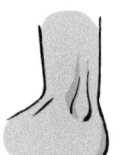

п'ята

cirib

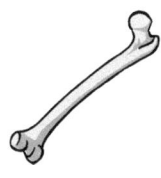

кістка

laf

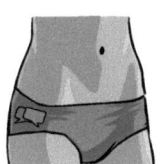

стегно

sin

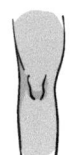

коліно

jilib

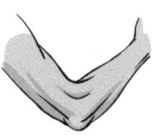

лікоть

xusul

ніс

san

сідниці

bari

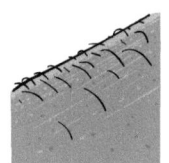

шкіра

maqaar

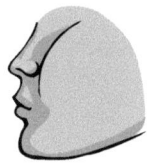

щока

dhafoor

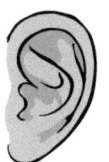

вухо

dheg

губа

bishin

рот

af

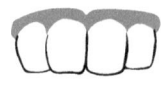

зуб

ilig

язик

carrab

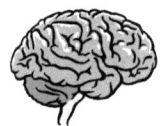

мозок

maskax

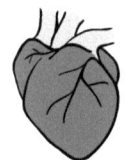

серце

wadno

м'яз

muruq

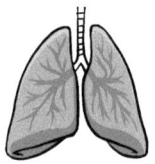

легені

sambab

печінка

beer

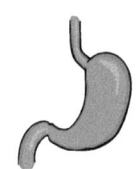

шлунок

uur kujirta caloosha

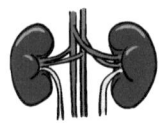

нирки

kelyo

статевий акт

galmo

презерватив

cinjir-galmo

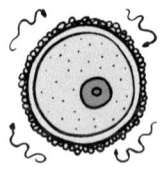

яйцеклітина

ugxan

сперма

shahwo

вагітність

uur

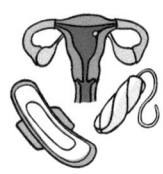

менструація
....
caado

вагіна
....
siil

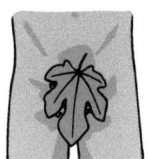

пеніс
....
gus

брова
....
suni

волосся
....
timo

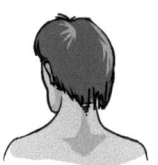

шия
....
qoor

лікарня
isbitaal

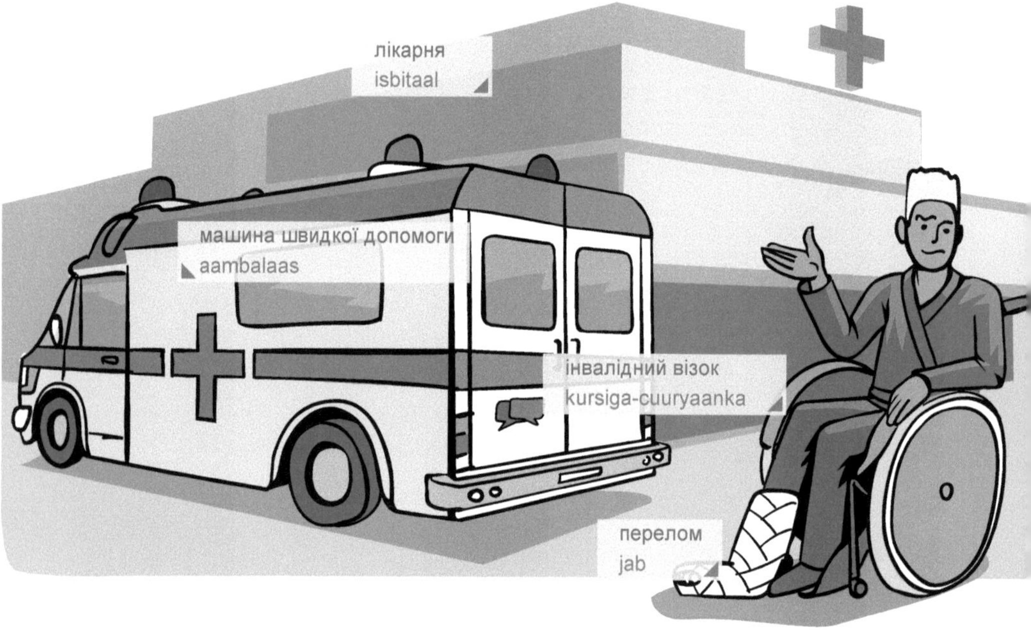

лікарня
isbitaal
машина швидкої допомоги
aambalaas
інвалідний візок
kursiga-cuuryaanka
перелом
jab

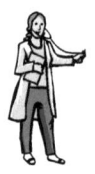

лікар
dhakhtar

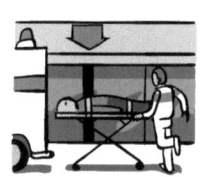

відділення швидкої медичної допомоги
qolka xaaladaha-degdega ah

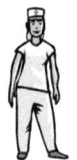

медсестра
kalkaaliye

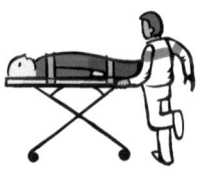

аварійний випадок
xaalad deg-deg ah

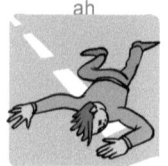

непритомний
miyir-beelsan

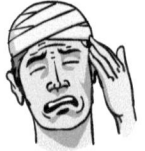

біль
xanuun

травма

dhaawac

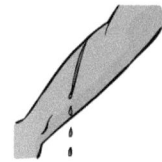

кровотеча

dhiig-bax

інфаркт

wadno-xanuun

інсульт

qallal

алергія

xasaasiyad

кашель

qufac

лихоманка

qandho

грип

hargab

пронос

shuban

головна біль

madax-xanuun

рак

kansar

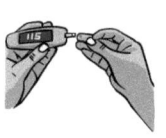

діабет

cudurka sokoroow

хірург

dhakhtarka-qalliinka

скальпель

mindida qalliinka

операція

qalliin

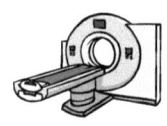

КТ

iskaan

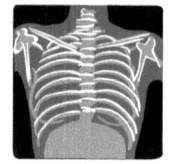

рентген

raajo

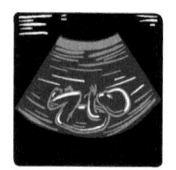

ультразвук

dhawaaq-xawaareed

маска

maaskaro

хвороба

cudur sokoroow

зал очікування

qolka sugitaanka

милиця

ul lagu boodo

пластир

kab

пов'язка

faashato

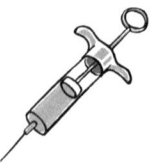

ін'єкція

duris

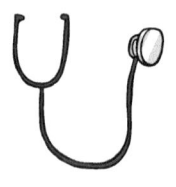

стетоскоп

wadne-dhegeyeste

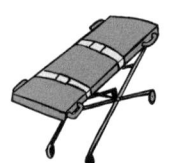

ноші

balankiino

термометр

heer-kul-beega qandhada

народження

dhalasho

надмірна вага

aad-u-cayilan

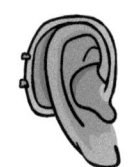

слуховий апарат

maqal-caawiye

дезінфікуючий засіб

jeermis-dile

інфекція

caabuq

вірус

feyras

ВІЛ / СНІД

AYDHIS/HIV

медицина

daawo

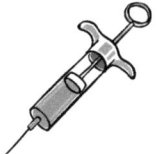

вакцинація

tallaal

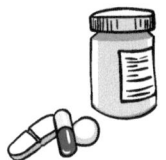

таблетки

kaniiniyo

протизаплідна пігулка

kaniin

екстрений виклик

wicitaan deg-deg ah

тонометр

cabbiraha dhiig-karka

хворий / здоровий

xanuunsan / caafimaadsan

Допоможіть!

i caawiya!

напад

weerar-kadisa ah

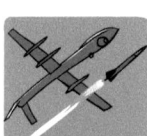

атака

weerar

сигнал тривоги

sawaxan

небезпека

khatar

аварійний вихід

irridda bixida xaalad-deg-deg

Вогонь!

dab!

вогнегасник

dab demiye

аварія

shil

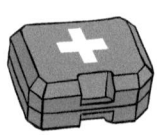

аптечка

saduuqa xaalada-degdega ah

СОС

codsi badbaado

поліція

booliis

Європа

Yurub

Північна Америка

woqooyiga ameerika

Південна Америка

koonfurta ameerika

Африка

Afrika

Азія

Aasiya

Австралія

Oostareeliya

Атлантика

Atlaantik

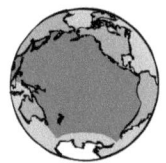

Тихий океан

Pacific

Індійський океан

Bad-waynta hindiya

Антарктичний океан

Bad-waynta antarctica

Північний Льодовитий
океан

Bad-waynta arctic

Північний полюс

cirifka waqooyi

Південний полюс

cirifka koonfureed

Антарктика

Antarctica

Земля

dhul

суша

dhul

море

bad

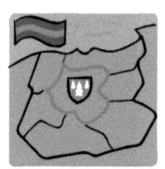

острів

jasiirad

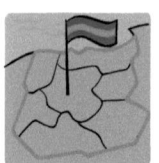

нація

waddan

держава

gobol

циферблат

wajiga saacadda

годинникова стрілка

gacanka saacada

хвилинна стрілка

gacanka daqiiqada

секундна стрілка

gacanka ilbiriqsiga

Котра година?

waa intee saac?

день

maalin

час

wakhti

зараз

hadda

цифровий годинник

saacadda jiifarrada

хвилина

daqiiqad

година

saacad

toddobaad

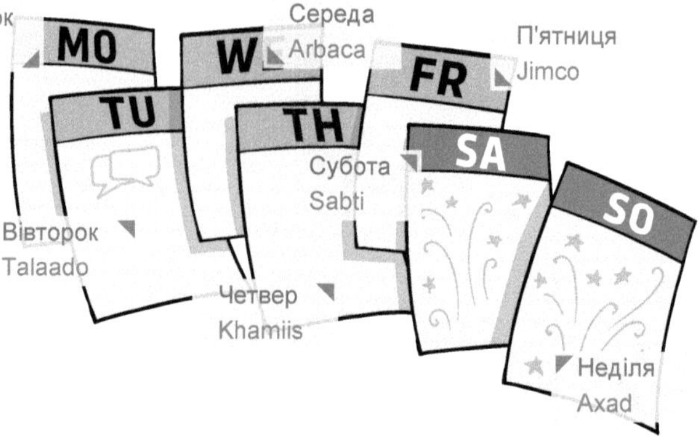

Понеділок
Isniin

Середа
Arbaca

П'ятниця
Jimco

MO **W** **FR**

TU **TH** **SA**

Вівторок
Talaado

Субота
Sabti

Четвер
Khamiis

SO

Неділя
Axad

вчора

shalay

сьогодні

maanta

завтра

berri

ранок

subax

опівдні

duhur

вечір

casir

робочі дні

maalmaha shaqo

кінець робочого тижня

dabayaaqada usbuuca

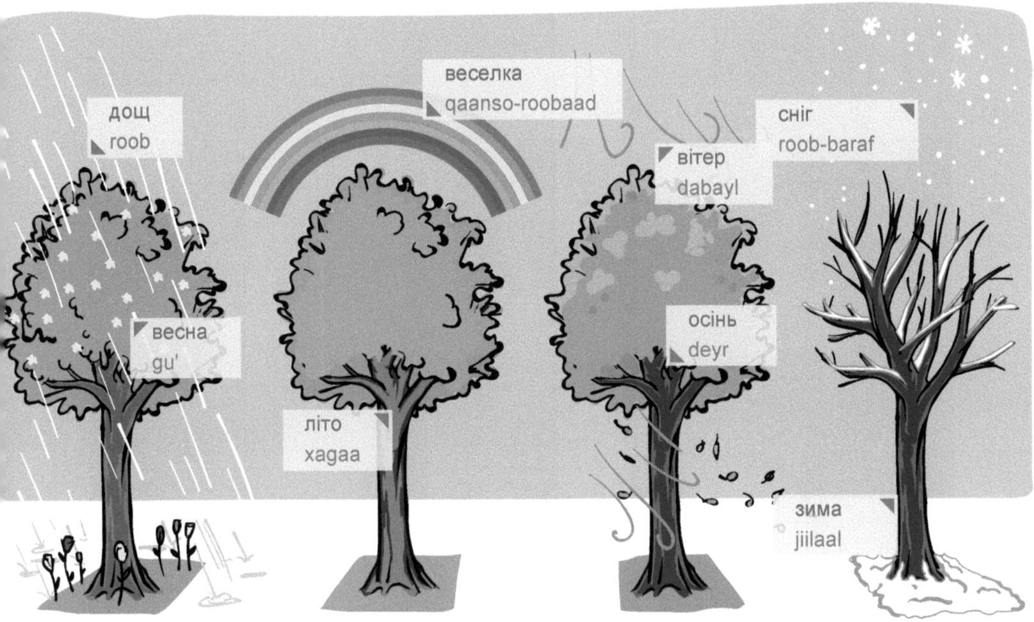

дощ
roob
веселка
qaanso-roobaad
сніг
roob-baraf
вітер
dabayl
весна
gu'
осінь
deyr
літо
xagaa
зима
jiilaal

4.APRIL 11°
5.APRIL 4°
6.APRIL 13°
7.APRIL 8°
8.APRIL 10°

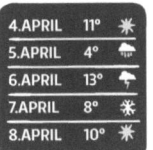

прогноз погоди

saadaal hawo

F C
120 90 60 30 0 -30
40 30 20 10 0 -10 -20

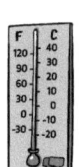

термометр

heer-kul baare

сонячне світло

qorraxeed

хмара

daruur

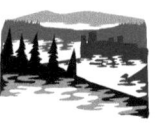

туман

ceeryaamo

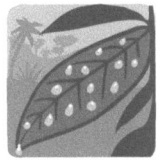

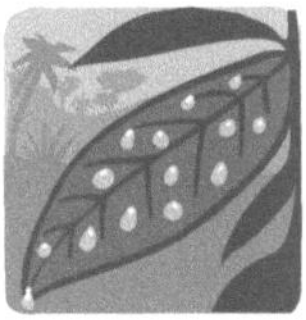

вологість повітря

huur

блискавка

jac

грім

onkod

шторм

duufaan

град

roob-baraf

мусон

maansuun

повінь

daad

лід

baraf

Січень

Jannaayo

Лютий

Febraayo

Березень

Maarso

Квітень

Abriil

Травень

Mey

Червень

Juun

Липень

Luulyo

Серпень

Agoosto

Вересень

Sebteember

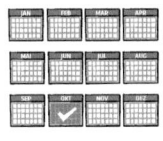

Жовтень

Oktoobar

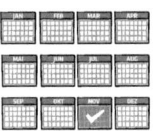

Листопад

Nofeember

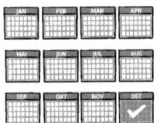

Грудень

Diseember

форми
qaababka

круг

goobaabo

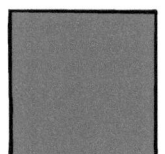

квадрат

afar-gees

прямокутник

leydi

трикутник

saddex-xagal

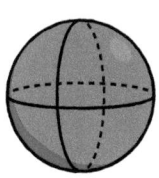

куля

wareeg

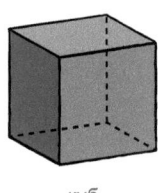

куб

bokis

фарби
midabbo

білий

caddaan

жовтий

hurdi

помаранчевий

oranji

рожевий

guduud-khafiif

червоний

casaan

фіолетовий

carwaajis

синій

bluug

зелений

cagaar

коричневий

boroon

сірий

cawl

чорний

madow

багато / мало

badan / yar

лютий / мирний

caro / daganaan

гарний / бридкий

qurxoon / foolxun

початок / кінець

billow / dhammaad

великий / малий

yar / weyn

світлий / темний

iftiin / mugdi

брат / сестра

walaalkaa / walaashaa

чистий / брудний

nadiif / wasakhaysan

завершений / незавершений

buuxa / dhantaalan

день / ніч

maalin / habeen

мертвий / живий

dhintay / nool

широкий / вузький

ballaaran / ciriiri ah

їстівний / неїстівний

la cuni karo / aan la cuni karin

злий / дружній

arxan-daran / naxariis-badan

збуджений / нудьгуючий

faraxsan / caajisan

товстий / тонкий

buuran / caateysan

спочатку / востаннє

ugu horeeya / ugu dambeeya

друг / ворог

saaxiib / cadaw

повний / порожній

maran / buuxa.

жорсткий / м'який

adag / jilicsan

важкий / легкий

culus / fudud

голод / спрага

gaajo / oon

хворий / здоровий

xanuunsan / caafimaadsan

незаконний / законний

sharci-darro / sharci

розумний / дурний

caaqil / dabbaal

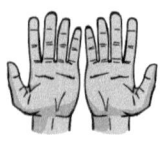

вліво / вправо

bidix / midig

поруч / далеко

dhow / fog

новий / використаний

cusub / duug

нічого / щось

waxba / wax

старий / молодий

da' / dhalinyar

вкл / викл

daaris / damin

відкрито / закрито

furan / xiran

тихо / гучно

aamusnaan / cod-dheer

багатий / бідний

taajir / sabool

правильно / неправильно

sax / khalad

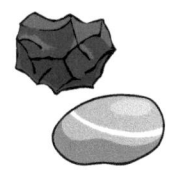

шорсткий / гладкий

jilif leh / sabiibax

сумний / щасливий

murugsan / faraxsan

короткий / довгий

gaaban / dheer

повільно / швидко

tartiib / dhaqsi

вологий / сухий

qoyaan / qalleyl

гарячий / холодний

qandac / qabow

війна / мир

dagaal / nabad

0

нуль

eber

1

один

kow

2

два

laba

3

три

saddex

4

чотири

afar

5

п'ять

shan

6

шість

lix

7

сім

toddoba

8

вісім

sideed

9

дев'ять

sagaal

10

десять

toban

11

одинадцять

kow iyo toban

12
дванадцять

laba iyo toban

13
тринадцять

sadex iyo toban

14
чотирнадцять

afar iyo toban

15
п'ятнадцять

shan iyo toban

16
шістнадцять

lix iyo toban

17
сімнадцять

todoba iyo toban

18
вісімнадцять

sideed iyo toban

19
дев'ятнадцять

sagaal iyo toban

20
двадцять

labaatan

100
сто

boqol

1.000
тисяча

kun

1.000.000
мільйон

malyuun

англійська

Af ingiriis

американська англійська

Ingiriiska Mareykanka

китайська
високочиновницька

Mandariinka Shiinaha

хінді

Hindi

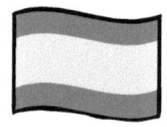

іспанська

Boortaqiis

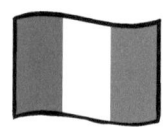

французька

Faransiis

арабська

Carabi

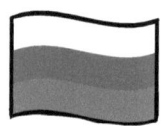

російська

Ruush

португальська

Boortaqiis

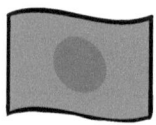

бенгальська

Bengaali

німецька

Jarmal

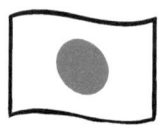

японська

Jabaaniis

я

aniga

ти

adiga

він / вона / воно

asaga / ayada

ми

annaga

ви

idinka

вони

ayaga

хто?

kee?

що?

maxay?

як?

sidee?

де?

xagee?

коли?

goorma?

ім'я

magac

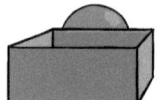

ззаду

gadaal

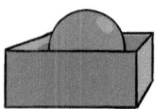

в

gudaha

перед

horta

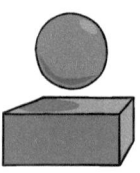

над

ka sare

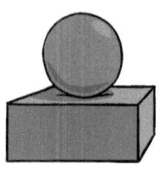

на

dusha

під

ka hooseeya

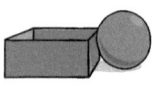

біля

dhinac

між

u dhexeeya

місце

meel